LETTRE

SUR LA MORT

DE

M. COURT DE GÉBELIN.

LETTRE
SUR LA MORT
DE
M. COURT DE GÉBELIN.

IL y a long-temps, Monſieur, que j'avois prévu que la mort de M. Court de Gébelin, fourniroit un aliment à l'envie qui décocheroit encore quelques traits contre M. Meſmer. Le moment fatal eft arrivé. Les Sciences & la Patrie gémiffent fur la mort du célèbre Auteur du Monde primitif. Le foulagement qu'il trouva l'année dernière auprès de M. Mefmer, le pénétra d'admiration & de reconnoiffance. Il fe hâta de publier fa guérifon, malgré les répréfentations qui lui furent faites fur cette démarche, qu'on trouva prématurée. Il fe crut trop bien rétabli d'une maladie de vingt ans, après trois femaines de traitement; &, forcé par des circonftances malheureufes, il fe livra à un travail pénible, qui, enfin, a épuifé fes forces. Alors il s'eft jetté dans les bras de fon ami & de fon libérateur; mais il n'étoit plus temps de

réparer une santé détruite par les cha-
grins les plus cuisans. M. Mesmer a
reçu M. de Gébelin chez lui , dans
un tel état de délabrement , qu'une fois
entré dans l'appartement qui lui avoit
été préparé , il n'a pu en sortir pour se
transporter au traitement. M. Mesmer
n'a donc pu lui prodiguer que les secours
de l'amitié. Si vous jettez les yeux sur
le Procés verbal (*a*) que je joins à cette
Lettre, vous trouverez que le mal, chez
M. de Gébelin , avoit fait des progrès
si considérables qu'il n'étoit plus possible
d'y porter remède , & vous verrez

(*a*) Je tiens ce Procès - verbal d'un des
Chirurgiens qui l'ont signé.

A 3

combien font injuftes les imputations qu'on fait à M. Mefmer, à propos d'un évènement inévitable (*b*).

Au refte, s'il eft une démarche qui honore M. Mefmer, c'eft celle qu'il a faite en recevant chez lui M. de Gebelin. il favoit que fa mort n'étoit pas éloignée, & il l'avoit annoncée à fon meilleur ami. Il pouvoit s'excufer de le recevoir, puifqu'il s'étoit difpenfé pendant près d'une année de venir à fon traitement, malgré les inftances qu'il lui en avoit

---

(*b*) M. de Gébelin eft mort à la fuite d'un vomiffement, qui, pendant trois femaines qu'il a duré, ne lui a permis de prendre aucune nourriture : vomiffement occafionné par la déforganifation obfervée dans les reins.

faites. Il le pouvoit d'autant plus qu'il ne prévoyoit que trop quel parti on pourroit tirer contre lui de M. de Gébelin, mort dans sa maison, &, pour ainsi dire, dans ses bras. De telles considérations ne l'ont point arrêté: M. de Gébelin étoit souffrant & malheureux. M. Mesmer étoit son ami, cela a suffi pour que M. Mesmer allât au-devant de M. de Gébelin, & s'occupât de le soulager dans ses maux. Voilà comment se conduit un homme, contre lequel, dans ce moment, on protége un homme vil & déshonoré; voilà comment se conduit un homme qu'on voudroit dépouiller aujourd'hui de tous les fruits de sa propriété, & même de la

A 4

gloire d'avoir fait une grande découverte, gloire si péniblement & si légiti-
mement acquise (*c*).

J'ai l'honneur d'être, &c.

(*c*) On ne se doute pas de tous les ressorts
qu'on fait jouer pour faire partager à l'homme
malhonnête, que M. Mesmer a publiquement
accusé d'un abus de confiance punissable, la
gloire qui appartient à M. Mesmer, comme
Auteur d'une grande découverte. Croiroit-on
que parmi les personnes qui ont approché
de M. Mesmer, il en est une qui a été payée
pour révéler à M. Deslon ce qui est enseigné
dans l'école de M. Mesmer. Alors M. Deslon,
qui, dans le courant du mois de Janvier, n'en
savoit pas plus que M. de Mont-joie, en
saura autant qu'un Élève de M. Mesmer;
dira au Public qu'il doit ce qu'il sait à son

génie, & demandera au Gouvernement des récompenses. Voilà les nouvelles trames dont on enveloppe M. Mesmer : & si l'on savoit par qui ces trames sont ourdies. . . . &c. &c. &c.

Le fait dont on parle ici ne peut tarder à être public.

PROCÈS-VERBAL.

Nous soussignés, assemblés à huit heures du soir, le 13 Mai de la présente année, à l'ancien Hôtel de Coigny, rue Coqhéron, habité par M. Mesmer, nous avons procédé à l'ouverture du cadavre de M. Court de Gébelin, décédé, de la veille, dans le susdit Hôtel.

A l'ouverture du bas-ventre, nous avons trouvé l'épiploon en partie fondu & affaissé, & tout le tissu graisseux, d'un jaune très-foncé.

En général, les intestins nous ont paru d'une couleur un peu foncée.

L'eſtomac à l'extérieur n'a rien préſenté contre nature ; mais la membrane interne étoit de couleur légèrement ardoiſée, ſans que cette couleur s'étendît le long de la face interne de l'œſophage & de celle du duodenum.

Les deux reins ont mérité toute notre attention : en effet, nous les avons trouvé extraordinairement volumineux, au point qu'ils étoient trois fois plus gros que dans l'état naturel, & parſemés l'un & l'autre extérieurement d'un grand nombre d'hydatides plus ou moins groſſes, contenant toutes une liqueur ſéreuſe. L'intérieur de ces mêmes reins nous a offert une dilatation conſidérable dans leur ſubſtance corticale, tubuleufe & mammelonnée ; les baffinets, les uretères, & la veffie, ne nous ont préfenté aucun phénomène particulier.

A l'ouverture de la poitrine, nous avons remarqué, du côté gauche, une très-forte adhérence du poulmon avec la plèvre ; le cœur & fes vaiffeaux, dans l'état naturel.

La lèvre fupérieure nous a paru plus volumineufe qu'à l'ordinaire. En conféquence, on y fit une incifion profonde, qui donna iffue à une matière purulente, qui avoit fon foyer vers la bafe de la cloifon du nez, & toutes les glandes dont cette lèvre eft parfemée, étoient d'une nature cancéreufe.

Nous n'avons rien obſervé de plus; en foi de quoi nous avons ſigné tous le préſent Procès-verbal, pour ſervir & valoir ce que de raiſon.

A Paris, ce 13 Mai 1784.

Signés, MITTIÉ, D.M.P. LA CAZE. D. CHEIGNEVERD. SUE, le fils. LA MOTTE.